Melanie Nagel

AMORS

WIRRUNGEN

Liebesgedichte

Bibliografische Information der Deutschen Nationalbibliothek:
Die Deutsche Nationalbibliothek verzeichnet diese Publikation in der
Deutschen Nationalbibliografie; detaillierte bibliografische Daten sind
im Internet über *http://dnb.dnb.de* abrufbar.

Herstellung & Verlag:

BoD – Books on Demand, Norderstedt

ISBN: 9783735737953

INHALT

SCHWEBEN

Ankunft

Am Ende der Reise
Nach langem Schmerz
Spür ich auf sanfte Weise
Dein glückliches Herz

Am Ende der Gier
Nach Halt und Liebe
Spür ich tief in mir
Deine heilsamen Triebe

Am Ende vom Streben
Nach Wärme und Glück
Will ich dir alles geben
Und dafür nichts zurück

Leiser Segen

Leis, leis, leis
Laß den Moment erzählen
Vom Reichtum seiner selbst
Vom Spiel der tausend Blicke
Mit denen wir uns quälen

Leis, leis, leis
Laß deine Seele singen
Vom Leben hinter´m Trug
Vom Kampf der tausend Dinge
In dem wir kraftlos ringen

Leis, leis, leis

Laß unsere Liebe heilen

Die Wunden schwerer Last

Den Schmerz der tausend Stiche

In dem wir scheu verweilen

Dein

Sprich! Red weiter auf mich ein
Es ist so schön, dein Wort zu hören
Ganz hingerissen bin ich dein
Und will dir ganz und gar gehören

Hör nicht auf, mich anzusehn
Mit diesen warmen, braunen Augen
Mein Leben will ich mit dir gehn
An dich jede Sekunde glauben

Nach dir mich sehnend sitz ich hier
Verzehrend mich nach deiner Liebe
Sieh in mir nicht nur leichtes Spiel
Zerstöre nicht die zarten Triebe

Ich möchte...

Ich möchte ganz und gar versinken
In deinem warmen, klugen Blick
In deiner Zärtlichkeit ertrinken
Und überschäumen vor lauter Glück

Ich möchte den Geschichten lauschen
Die mir dein Innerstes erzählt
Endlose heiße Küsse tauschen
Bis mich der Abschiedsmoment quält

Mit ganzer Seele bin ich dein
Denn dir allein gehört mein Herz
Könntst du bald nicht mehr bei mir sein
Zu unerträglich wär der Schmerz

In dieser Nacht

Lass mich das tiefe Kribbeln spüren
Das mir deine Berührung schenkt
Laß dich ins Paradies entführen
Wenn meine Hand die deine lenkt

Lass meine Lippen dir beweisen
Dass Zärtlichkeit mehr als erregt
Lass uns ins Land der Liebe reisen
Wo er mich zur Ekstase trägt

Lass uns in dieser Nacht erleben
Was du dir bisher nur erträumt
Denn sollt es nur die eine geben
Hättst du dein größtes Glück versäumt

TAUMELN

Verwandte Seele

Verwandte Seel – lang musst ich dich entbehrn
Lang bliebst du mir und meinem Leben fern
Jetzt bist du hier und ich spür unser Band
Was meinem Dasein fehlt, das schenkt mir
deine Hand

Verwandte Seel – lang war der Zweifel stark
Lang hat die Furcht verdunkelt meinen Tag
Jetzt trifft dein Blick mich mitten in mein Herz
Was du mir gibst, vertreibt den alten Schmerz

Verwandte Seel – wieso lässt du mich stehn
Wie kannst du kalt und wortlos weiter gehn
Ich fand dich hier am unwirtlichsten Ort
Und glaube mir: Ich lass dich nie mehr fort

Spiele

Dich hieß ich hier willkommen
Vertrauen schenkt ich dir
Ganz klar hab ich vernommen
Was dein Herz sprach zu mir

Dir wollte ich begegnen
Mich öffnen Stück für Stück
Du brauchtest diesen Segen
Und schrecktest doch zurück

Du wolltest meine Nähe
Doch was war wohl dein Ziel?
Wie deuten, was ich sehe?
Was spielst du für ein Spiel?

Des Schicksals Wille

Traurig, wenn des Schicksals Wille
Dich in einen Abgrund stößt
Und in jeder nächtgen Stille
Sich des Dämons Spiel entblößt

Traurig, wenn der Weg der Herzen
Dich in böse Enge treibt
Und dir außer größten Schmerzen
Nichts von deinen Freuden bleibt

Traurig, wenn die schwersten Steine
Dir den Weg zum Glück versperrn
Und – obwohl ich bin die deine –
Sie die Liebe dir verwehrn

Einsam

Einsam fällt die Nacht hernieder
Einsam zieht der Tag herauf
Einsam bleib ich immer wieder
Einsam geb ich schließlich auf

Zweisam steht in meinem Herzen
Zweisam bleibt ein vages Bild
Zweisamkeit bringt nichts als Schmerzen
Und doch jeder Wunsch ihr gilt

Einsam unter tausend Seelen
Ohne dich in meinem Sein
Selbst die kleinsten Freuden fehlen
Und die Hoffnung bleibt nur Schein

Dein ist mein Leben

Hier sitze ich und finde keine Ruh
Mein Schicksal zieht mich unentwegt zu dir
Was uns verbindet – lass es einfach zu
Was du begehrst, das findest du in mir

Hier sitze ich und denke nur an dich
Wie schmerzlich ist dies ewig vage Spiel
Du wirst verlieren – doch gewinnst du mich
Dir scheint´s zu wenig – und doch ist es viel

Längst haben unsre Seelen sich vereint
Längst bin ich dein – und du gehörst zu mir
Selbst wenn dein Kopf die Liebe noch verneint
Kannst du nicht gehn – mein Leben gehört dir

Du kommst zurück

Dein Sehnen scheint eine einzige Pein
Die Liebe wird niemals vollkommen sein
Dein Herz zerbricht an uns Stück für Stück
Doch du kommst wieder und wieder zurück

Alles, was du bis jetzt hast erreicht
Du wirst es verlieren, da gibt´s kein Vielleicht
Ganz unausweichlich zerstörst du dein Glück
Doch du kommst wieder und wieder zurück

Ich sehe den Abgrund, an den du nicht glaubst
Ich sehe, wie du dir die Zukunft raubst
Du willst mich begehren und das macht dich
verrückt
Doch denke daran: Es gibt kein Zurück

Böses Spiel

Glücklich, traurig, herzensschwer
Lachend, weinend und verquer
Fröhlich, sehnend, schmerzlich leer
Du willst mich, doch ich will mehr

Hoffen, Bangen, Träumerei
Lieben, Hassen, Grübelei
Geborgenheit und Tyrannei
Du willst Spaß, ich will uns zwei

Fragen, Klagen, tiefer Schmerz
Geben, Warten, Frost im März
Ich liebe dich, das ist kein Scherz
Geh nicht fort, schenk mir dein Herz

Verschenkt

Ich schenke dir mein Herz, mein Leben
Zum Greifen nah ist unser Glück
Doch du willst uns nicht alles geben
Du öffnest dich und schreckst zurück

Wir lieben uns nur hinter Türen
Verstecken uns vor dieser Welt
Wir flirten, tänzeln und verführen
Nur solang, bis der Morgen fällt

Glaub an die Kraft unserer Liebe
Geh dieses Risiko doch ein
Wenn unser Schicksal schlafend bliebe
Wärn wir für alle Zeit allein

Geborgtes Glück

Die Zeit mit Dir
Nichts als geborgtes Glück
Verbotene Zärtlichkeit –
Kein Weg zurück

Die Lieb zu Dir
Nichts als verlornes Spiel
Sinnlose Träumereien
Gefühl zu viel

Ich brauche Dich
´gibst meinem Leben Sinn
Öffne Dich mir
Dann spürst Du, wer ich bin

Ein Lächeln

Kalt ist's in meinem Leben
Die Sonne bat ich vergebens in mein Heim
Vielleicht ist sie zu müde oder zu beschäftigt
Um mein Eis zu schmelzen
Meinen Schmerz zu stillen
Und meine Hoffnung auf einen neuen Anfang
zu Schüren

Dunkel ist's in meinem Leben
Bin wie ein Stein, der über die Klippen rollt
Ich kann meinen Fall nicht stoppen
Und hoffe vergebens auf eine schützende Hand
Die mich sanft zurückträgt in ein erfüllteres
Leben
Ein Leben mit Zukunft – hoch oben auf dem
Dach Der Welt

Leer ist's in meinem Leben

Dir öffnete vergebens ich mein Reich

Schenkte vergebens dir den Schlüssel zu

meinem Herzen

Vielleicht hast du Angst vor zu viel Nähe

Fürchtest, falsche Hoffnungen zu wecken

Oder dir den Ausweg zu versperren

Ich will kein Himmelreich – nur ein kleines

Lächeln am Morgen.

LIEBEN

JA

Ein JA zum Leben
Zum rückhaltlosen Geben
Ein JA zum Schützen
Und fairen Unterstützen

Ein JA zum Wagen
Zum wohlwollend Ertragen
Ein JA zum Teilen
Und liebevoll Verweilen

Ein JA zum Streiten
Zum Mut zu schlechten Zeiten
Ein JA zum Bleiben
Um Krisen zu vertreiben

Ein simples JA – so wenig, und doch soviel

Liebeswege

Hohe Höhen – tiefe Tiefen
Sind der Preis für unser Glück
Jeder Engel, den wir riefen
Lässt ein wenig Schmerz zurück

Helle Tage – dunkle Stunden
Wird das Schicksal uns beschern
Doch mit Liebe überwunden
Können sie uns nicht beschwern

Tiefe Gräben – starke Brücken
Säumen den Weg zur Zweisamkeit
Folgst du ihm aus freien Stücken
Hält das Lieben Glück bereit

Gottes Wille

Leben, Geben, Glücklichsein

Beben, Streben – dir allein

Streiten, Leiten, falscher Schein

Schaudern, Zaudern – ich bin dein

Spiele, Ziele, Liebesfrust

Spüren, Führen, größte Lust

Fragen, Klagen – doch du musst

Wir sind eins – an Gottes Brust

Ein kurzer Blick

Ein kurzer Blick und schon kann ich sie spüren
Die Ewigkeit, die unser Sein vereint
Ein kurzes Wort und schon kannst du mich führen
In deine Welt, die ich bis jetzt verneint

Dein kurzer Blick hat mich sofort gefangen
Mit Ketten, die härter sind als Stahl
Dein kurzes Wort konnt bis ins Herz gelangen
Und ich muss tun, was es mir dort befahl

Muss lieben dich mit meinem ganzen Herzen
Muss folgen dir, wohin dein Weg auch führt
Und ich muss hoffen, dass des Daseins
Schmerzen
Vergehn und dich mein Glück berührt

Auf ewig...

Lieb mich – nur das kann ich dir sagen
Nimm mich und lass mich nie mehr gehn
Glaub mir, du musst es einfach wagen
Das Tor zum Glück wird ewig offen stehn

Trau dir und auch deinen Gefühlen
Glaub an die Kraft, die Liebe uns verleiht
Auch wenn die Zweifel dich zur Zeit zerwühlen
Das Glück mit mir ist für die Ewigkeit

Sieh mich und höre meine Frage
Und dann entscheide dich fürs Ja
Trotz mancher schmerzerfüllter Tage
Bin ich auf ewig für dich da

Schlaflied

Schlaf süß und träum von einem Leben
Das ganz und gar uns Zweien gehört
In dem wir eine Chance uns geben
Und uns der Liebe Duft betört

Schlaf süß und träum von unsren Stunden
Zu schön, um einfach zu vergehn
Wenn Amors Engel uns umrunden
Und alle Türen offen stehn

Dann wach auf und nimm mich in den Arm
Öffne dich uns und gehe nie mehr fort
In deinem Leben bleibt es ewig warm
Wenn du mit Liebe weilst an diesem Ort

FALLEN

Lieblos

Ein Spiel ohne Sieger
Ein Weg ohne Ziel
Ein Heer ohne Krieger
Ein Schiff ohne Kiel

Ein Wald ohne Bäume
Ein Tag ohne Licht
Ein Kind ohne Träume
Ein wortloses Gedicht

So scheint mir die Liebe
In unserem Haus
Wie ehrlose Diebe
Jagst du sie hinaus

Einsame Zweisamkeit

Gemeinsam einsam
Zwei Fremde mit dem gleichen Ziel
Verbündete im selben Spiel -
Im Innern feindsam

Zu Zweien allein
Die großen Fragen ungefragt
Und wichtge Worte ungesagt -
Hoffnung bleibt Schein

Schmerzvoller Glanz
Gebunden ja – geborgen nein
Verlassen ohne frei zu sein -
Welch bittrer Tanz

Toxisch

Unsere Zweisamkeit ist...

T age

O hne Liebe.

X -beliebige Gespräche

I n herzlosem Ton.

S ieh! Noch lächelt die

C lown-Maske, doch das

H erz dahinter bricht.

Scheinbar

Wie leer und kalt ist dieses Haus
Wie düster sieht dies Leben aus
Wie trostlos blickt die Zukunft drein
Und wie vollkommen ist der Schein

Die Tage brechen mir das Herz
Die Nächte bringen nichts als Schmerz
Vor Trauer kann ich kaum noch stehn
Doch niemand will dies Elend sehn

„Sie hat doch alles", sagtet ihr
Dieses Gejammer, nichts als Gier
Doch was nützt Ehe, Haus und Geld
Wenn jede Menschlichkeit hier fehlt

Endspurt

Was bleibt von unsren lichten Tagen
Was bleibt vom Glück der Zweisamkeit
Bleibt nicht als Zweifel, Trauer, Plagen
Bleibt nichts als Leere, Kälte, Streit

Vergiftet ist ein jeder Morgen
Vergiftet ist ein jedes Wort
Giftige Tage voller Sorgen
Giftige Nacht – das Licht ist fort

Zu schwach und müd ist meine Seele
Zu ausgelaugt für neuen Glanz
Und wenn ich mich noch weiter quäle
Zerbricht sie schon in Kürze ganz

Nachtwache

Kraftlos, mutlos, ohne Streben
Zweifelnd, sterbend, ohne Halt
Traurigkeit erstickt mein Leben
Jeder Tag bleibt eisig kalt

Zornig, grausam, ohne Liebe
Schamlos, fordernd, ohne Herz
Jedes Wort schickt tausend Hiebe
Jeder Kuss schickt tiefen Schmerz

Einst erhelltest du die Tage
Nun umgibt uns dunkle Nacht
Und mir bleibt nur eine Frage:
Was hat dieses Leid entfacht

Verderben

„Hilf mir!" steht in meinen Tränen
„Hilf mir!" spricht aus jedem Wort
Doch was nützt mir dieses Sehnen
Du bist hier – und bist doch fort

„Halt mich!" flehen meine Hände
„Halt mich!" bittet all mein Tun
Doch dein Unwohlsein spricht Bände
Du kannst hier nicht in dir ruhn

Kraftlos, wo doch Kraft vonnöten
Fragen, wo doch Antwort fehlt
Und so wird uns all das töten
Was mich in der Seele quält

Letzte Fragen

Was tun, wenn dich der Glaube trügt
Was tun, wenn du´s als falsch erkannt
Zulassen, dass dein Leben lügt
Ausharrn auf Erde, die verbrannt

Wie finden, was die Wunden heilt
Wie finden, was die Seele stärkt
Fortgehn, bevor die Nacht verweilt
Bleiben und hoffen, dass man´s merkt

Was sagen, wenn man gehen muss
Was sagen, wenn das Ende naht
Kann´s leichter werden mit `nem Kuss
Oder ist alles nur Verrat

Böses Spiel

Ich höre stets ernst scheinende Versprechen
Und schenke ihnen stets tiefes Vertraun
Doch jedes der Gebote musst du brechen
Und so ´ne Mauer zwischen uns erbaun

Stetig wächst sie in gar rasanten Zügen
Und mir bleibt nichts, als hilflos zuzusehn
Wie du Vertrauen zerstörst durch achtlos Lügen
Und dadurch Freud und Liebesglück vergehn

Halt ein und schau, was wir dadurch verlieren
Die Tat scheint klein, und doch zerstört sie viel
Willst du nicht durch Lieblosigkeit brillieren
Beende schnellstens dieses böse Spiel

Fragen

Was habe ich dir angetan
Dass du mich strafst mit deinem Schweigen
Welch Schmerz hast du durch mich erfahrn
Dass dir nur Kälte bleibt zu zeigen

Was hat dich derart tief verletzt
Dass du nun meine Nähe meidest
Welch Hiebe hab ich dir versetzt
Dass du heut scheinbar endlos leidest

Ich schenkte dir mein Herz, mein Leben
Zu Füßen lag dir meine Welt
Nun willst du sie mir wiedergeben
Vielleicht, weil sie dir nicht gefällt

Vielleicht?!

Hier stehe ich – am Wendepunkt des Lebens
Und frage mich, was wohl die Lösung sei
Doch nach der Antwort suche ich vergebens
Verlier mich bloß in trister Grübelei

Der Weg schien doch so klar vor mir zu liegen
Des Daseins Zukunft schien so nah zu sein
Doch jetzt spür ich nur meine Zweifel siegen
Statt Zuversicht bleibt einzig große Pein

Ein Ja – ein Nein. Was steht in deinen Augen
Ein „Geht schon schief"? Wieso nimmst du's so
leicht
Was können deine Zukunftspläne taugen
Wenn sie auf eins beruhen: ein „Vielleicht"

Verraten

Wie kann, was hier mit uns geschehen
Begraben und vergessen sein
Wie kann es jemals weitergehen
Mit dieser großen, tiefen Pein

Ist dies wohl unser Schicksals Wille
Du bist hinfort und ich allein
Kann ich durchbrechen unsre Stille
Und dir erklären: Ich bin dein

Ich brauche dich in meinem Leben
Kann nicht verwinden dieses Nein
Wirst du mir den Verrat vergeben
Oder ist alles Hoffen Schein

Verpasste Chance

So viele Tränen sind geflossen
So viele Qualen mussten sein
Nun bleibt mir diese Tür verschlossen
Wie viele werden offen sein

So viele Nächte musst ich leiden
So viele Tage endlos sterben
Nun willst du gramvoll von mir scheiden
Vom einstgen Glück bleibt nichts als Scherben

Ich liebe dich – werd nie vergessen
Was du mir hier gegeben hast
Auch wenn ich dich nie ganz besessen
Hab ich doch meine Chance verpasst

Verzeih

Verzeih mir all die Schmerzen
Die du durch mich erfahrn
Verzeih gebrochene Herzen
Ich hab die Chance vertan

Verzeih mir all die Stunden
Die ich dich weinen ließ
Verzeih, dass ich geschunden
Was uns einst Glück verhieß

Verzeih, dass ich nun gehe
Und dich verlassen muss
Doch wie ich hier noch stehe:
Schenk mir den letzten Kuss

AUS & VORBEI

Das Ende

Gut gekämpft – und doch verloren
Gut gedacht – doch schlecht getan
Lang ersehnt – doch nie geboren
Lang bemüht – und doch vertan

Nicht verdient – und doch bekommen
Nicht geträumt – doch bös erwacht
Nie geglaubt – und doch vernommen
Nie forciert – und doch entfacht

Dieses Ende kommt mit Schrecken
Donnernd bricht es mir mein Herz
Und nun muss ich doch entdecken
Dass es mir nichts bringt als Schmerz

Einst

Einst im August, da haben wir uns gefunden
Einst im April, da haben wir uns verlorn
Ich liebte dich mit meinem ganzen Herzen
Doch unser Glück – es wurde nie geborn

Einst im August, da schenkt ich dir die Liebe
Einst im April, da sollte sie vergehn
Mein Hoffen brachte letztlich nichts als
Schmerzen
Denn unser Glück - es konnte nicht bestehn

Nun im April – da muss ich von hier scheiden
Nun im April muss es beendet sein
Dein Weg – er ist nicht länger mehr der meine
Und unser Glück war letztlich nichts als Schein

Kalter Frühling

Erfrorn trotz heißer Frühlingssonne
Nur tiefste Nacht trotz hellstem Licht
Was mir der Frühling wäre Wonne
Zerstört das Leben ohne dich

Nur Grämerei statt Fröhlichkeiten
Nur Schmerz statt Frühlingsträumerein
Wie würde Frühling Glück bereiten
Wenn eins nicht wär: Ich bin allein

Hier sitze ich, kann nicht verwinden
Dass enden muss, was Liebe ist
Vielleicht kann ich bald Frieden finden
Doch dich vergessen kann ich nicht

Spielende

Dein warmer Blick konnt mich berühren
Und tief in meine Seele schaun
Von dir ließ ich mich gern verführen
Schnell schenkte ich dir mein Vertraun

Heilsam und schön war deine Nähe
Und voll unendlichem Gefühl
Wenn ich dich heute wiedersehe
Bist du nur noch unsagbar kühl

Was ist geschehn in deinem Leben
Dass unser Traum so schnell zerfiel
Ich könnte dir noch soviel geben
Doch du beendest unser Spiel

Ohne Hoffnung

Solltest du eines Tages
Vor meiner Türe stehn
Du klopftest nicht vergebens
Du müsstest nie mehr gehn

Sollte ich eines Abends
Drei kleine Worte hörn
Sie würden nicht verhallen
Ich würde dir gehörn

Doch du hast nicht die Stärke
Für ein neues Glück
So bleibt mir keine Hoffnung
Du kehrst nicht mehr zurück

Schmerzvoller Glaube

Geh nicht – zwei kleine Worte
Die einfach zu verstehn
Mein Herz hat dich erkoren
Und doch wolltest du gehn

In einer einzgen Nacht
Schenkte ich dir mein Leben
Doch du hast nicht die Kraft
Uns eine Chance zu geben

So bleibt mir nichts als Schmerz
Nach viel zu kurzem Glück
Und doch möchte ich glauben
Du kämst zu mir zurück

Auf Abwegen

Du greifst mich an
Denn Neid und Missgunst fülln dein Herz
Und der selbst zugefügte Schmerz
Scheint dir von außen angetan

Du machst mich klein
Denn Größe macht dir Heidenangst
Und weil du um dein Ego bangst
Muss meines ewig winzig sein

Du lässt mich gehn
Denn ich schein das Problem zu sein
Und der verleumderische Schein
Lässt dich die Wahrheit niemals sehn

Dämonisch

Ein eiskaltes Spiel

Bar jeder Moral

Mit schamlosen Ziel

Und dem Ende in Qual

Ein böswillig Spiel

Selbstsüchtig im Kern

An Lügen zu viel

Und vom Anstand zu fern

So zeigst du dich mir

In hässlichstem Licht

Der Dämon in dir

Schlägt mir ins Gesicht

NACHRUF

Wegweiser

Gebranntes Kind
Scheu nicht des Feuers Schein
Denn in der Dunkelheit
Wirst du verloren sein

Gekränktes Herz
Scheu nicht der Liebe Glanz
Denn ohne Zweisamkeit
Zerbrichst du ganz

Gequälte Seel´
Öffne dich deiner Welt
Nur hier kann das gedeihn
Was dich am Leben hält

Im Wiedersehen

So viele Tränen scheu geweint
So viele Wünsche strikt verneint
So viele Jahre stumm vergessen
Und doch hast du mein Herz besessen

Zu großes Schicksal sprengt den Trug
Zu großer Schein vergeht im Flug
Zu große Furcht ließ zögernd gehn
Und quält mich nun im Wiedersehn

Rachlust

Mein blutendes Herz
Zerbricht Stück für Stück
Unendlicher Schmerz
Bringt Verzweiflung zurück

Unbändiger Zorn
Verzerrt, was geschehn
Zur Liebe geborn
Doch nur Kälte gesehn

Spürn wirst Du das Leid
Das du einst entfacht
Vom Leiden befreit
Ist die Rachlust erwacht

Letzte Fragen

Was bindet mich an dieses Leben
Was hindert mich daran zu gehn
Was läßt mich immer weiter geben
Wieso kann ich den Grund nicht sehn

Was hilft mir dabei, mich zu schützen
Was hilft mir auf dem Weg zu Glück
Was kann bei meinem Kampf mir nützen
Was gibt mir meine Kraft zurück

Ich hoffe, bange, weine, leide
Ich hader, zauder, brech mein Herz
Wenn ich von meinem Leben scheide:
Ist dann beendet dieser Schmerz

Der Herzensbrecher

Ich quäle Seelen, breche Herzen
Ich nehme sie, um zu zerstörn
Ihnen bleibt nichts als größte Schmerzen
Wenn sie mir ganz und gar gehörn

Ich liebe sie um zu verlassen
Ich öffne mich um fortzugehn
Und irgendwann werden sie hassen
Und später dann vielleicht verstehn

Mich treibt ein ewig vages Sehnen
Es zieht mich stetig von hier fort
Und wenn sie sich am Ziele wähnen
Verlasse ich den seelgen Ort

Die Verführung

Armer Tor – such dich zu schützen
Such, der Sünde zu entfliehn
Alles Winden wird nichts nützen
Werde meine Fäden ziehn

Spüre deinen starken Willen
Der Versuchung zu entgehn
Werde deine Neugier stillen
Dich in meinen Armen sehn

Jede Neugier weckt Verlangen
Jedes Nein führt dich zu mir
Schon hab ich dich ganz gefangen
Meine Liebe führt zu dir

Die Versuchung

Wie lang kannst du dich entziehen
Wie lang kannst du widerstehn
Wenn ich fische nützt kein Fliehen
Du wirst mir ins Netze gehn

Jedes Winden führt dich näher
Jedes Hadern macht dich schwach
Jeder Blick – trotz aller Späher
Ruft in dir Verlangen wach

Fazit

Wen du innig liebst
Lass ohne Gram ziehen
Denn jedes andern Herz
Ist nur geliehen

HAIKU SPIRITS

Schmerzvolle Hoffnung

Sie raubt die Kraft zum Aufbruch

Ein stetig Zaudern

•••

Spiel mit dem Feuer

Prickelnd und ungebändigt

Verbrennt die Seele

•••

Verbotenes Glück

Im Schutz geheimer Stunden

Beginnen Träume

Schluchzende Sehnsucht

Verborgen hinter Masken

Erlischt dein Schicksal

•••

Schüchterne Blicke

Im Spiel der vagen Wünsche

Lauert die Reue

•••

Die großen Fragen

Verklingen im Getöse

Des stumpfen Alltags

Empörte Worte

Von Traurigkeit durchdrungen

Des Leidens Tore

Verstörte Orte

Von Dunkelheit umschlungen

Durch düstren Chore

Zerstörte Pforte

Zum Untergang gezwungen

Im Spiel d'Amore

Sprühende Worte

Im Klang gelebter Träume

Entspannt die Seele

•••

Stich

Mitten

Ins Herz und

Schmerz verkündet:

„Failed"

GEDICHTVERZEICHNIS

nach Titel

GEDICHTVERZEICHNIS

nach Titel

GEDICHTVERZEICHNIS

nach Titel

GEDICHTVERZEICHNIS

nach Titel

GEDICHTVERZEICHNIS

nach Beginn

GEDICHTVERZEICHNIS

nach Beginn

GEDICHTVERZEICHNIS

nach Beginn

GEDICHTVERZEICHNIS

nach Beginn

Möchten Sie mehr erfahren?

Besuchen Sie mich auf

www.MelanieNagel.net